AF349771

CONFESSION
FAICTE PAR
MESSIRE LOVYS
GOVFREDY PRESTRE EN L'EGLI-
SE DES ACCOVLES DE MARSEILLE PRIN-
ce des Magiciens, despuis Constanti-
nople jusques à Peris,

A

DEVX PERES CAPVCHINS DV
Conuent d'Aix la veille de Pasques le vnziesme
Auril mil six cens vnze.

A ROCHEROV,

Par PIERRE GAVTIER, Imprimeur ordinai-
re de ladicte ville.

Auec permission de Messieurs.

1611.

CONFESSION FAICTE

PAR MESSIRE LOYS GOVFRE-

DY PRESTRE EN L'EGLISE DES ACCOVLEZ
de Marseille Prince des Magiciens,

A DEVX PERES CAPVCHINS DV
Conuent d'Aix la veille de Pasques le vnsiesme
Auril mil six cens vnze.

L y a enuiron cinq ou six ans que je commança
lire vn liure de Magie, que j'auoy eu d'vn mien
oncle, il y a treze ou quatorze ans : se fut
enuiron le mois de May, & sur les entrefaictes le
Diable se paroit a moy en forme d'homme, habillé
en Pru-d'hôme. Dabord je feux effrayé, mais cela
se passa incontinant, je fus alors possedé de deux
affections fort mauuaises, que je conuoitois il y a
long temps; l'vne embition d'estre en reputation
parmy le monde, & singulierement des gens de
bien; & l'autre d'vne affection desordonnée de
jouïr de quelques filles. La mesme le susdict Diable, nommé Lucifer, me dict dans ma chambre,
de luy a moy, *qu'est ce que ie te donnerois si tu me faisois*
iouyr de tout ce que ie desirerois, Moy bien aise de tel
rencontre, luy respondis se qu'il vouloit de moy,
qu'il le demandast, que je luy donneray vollon-
tiers. Il me repliqua *donne toy a moy auec tous les biens*
que tu qpossedes, Ie luy respondis que je me donneroy

volontairement, à luy auec tous les biens qui
concernent, & touchent mon particulier : mais
pour la valeur des Sacremens que jadminiſtrois
auec autres que je ne luy vouleu pas dõner, aquoy
il s'accorda ſe contentant de ce que je luy prome-
tois, auſſi nous ſtipulames enſemble & demeura-
mes d'accord, il me demanda vne promeſſe que je
luy fis eſcrite, comme s'enſuit.

IE LOYS Goufredy renoncé à tous les biens,
tans ſpirituels que corporels qui me pourroyent
eſtre conferez de la part de Dieu, de la Vierge Ma-
rie, de tous les Sainſts & Sainſtes de Paradis : particulierement de mon patron Sainſt Iean Baptiſte,
Sainſt Pierre, Paul & François, & me donne corps
& ame à vous Luciffer ; icy preſent auec tous
les biens que je feray jamais, exepté la valleur
des Sacrements pour le regard de ceux qui le rece-
uront : ainſi l'ay ſigné & atteſté. Voyla la teneur de
la promeſſe.

Cela faiſt je luy demanda enquoy il deſiroit me
ſatisfaire.

I'aduoüe, comme je tenoy le ſuſdiſt liure de
Magie deſoubs le manteau de la cheminée de ma
chambre a main gauche ſur vn petit aix de bois
attaſché d'vn clou.

I'aduoüe comme je prainoy grand plaiſir a lire
lediſt liure, & auſſi toſt que je le liſois le Diable s'a-
paroiſſoit a moy en la forme que deſſus.

I'aduoüe que deux ou trois jours apres ladiſte

promeſſe , le Diable retourna , comme il m'auoit promis , & me dit alors , que par la vertu de mon ſouffle j'enflamerois a mon amour toutes les filles & femmes que j'auray enuie d'auoir pourueu que ce ſouffle leur arriuaſt aux narrines: Et des lors je commāça a ſouffler à toutes celles qui me venoiēt a gré.

I'aduoüe comme le diable maporta vne ſedulle ſignée de luy, contenant la vertu du ſouffle que j'ay encores riere moy.

I'aduoüe comme j'ay ſoufflé mille filles ou femmes, prenant vn extreme plaiſir de les voir enflamées de mon amour: j'ay dict pluſieurs fois, parlant de quelques particulieres a ſes peres , vos filles en ont autant qu'elles en peuuent pourter: ſans meſpliquer autrement.

I'aduoüe comme je frequentoy famillierement la maiſon de Monſieur de la Palus Gentil'hōme de Marceille a cauſe de ma reputation : j'eſtois fort bien venu là dedans. Il auoit trois filles , belles par excellance, bien appriſes, & fort deuotieuſes. I'eux enuie d'auoir la jouyſſance d'vne d'icelles nōmée Magdelaine ; mais ſa mere la tenoit de ſi pres qu'il n'y auoit moyen de la voir , que fut cauſe que je ſouffla ſa mere, affin qu'elle me l'amenaſt à m'a chambre , quelle ſe fiaſt de moy quand je ſerois en ſa maiſon, ſe que gagnay facillement : de ſorte que me trouuant ſouuant auec ladicte Magdelaine, je la baiſi & plus.

I'aduoüe comme j'ay ſoufflé pluſieurs femmes

me contentant de les voir tranſportées de mou
amour & y prennant plaiſir, ſans paſſer outre.

l'aduoüe comme la premiere fois que je voulu
iouyr de Magdeleine, je luy mis la main au front &
là où les Charittes auoient logé la virginité , elle
aduouë les parolles.

l'aduoüe que je ſouffla c'eſte Damoyſelle pluſieurs fois , car tant plus je la ſoufflois, tant plus elle eſtoit deſeſperée de ma jouïſsãce. Ie voulois que
l'effect de nos concupuiſſances vint de ſa part , je
l'infectoy ſi bien par mon ſouffle qu'elle mouroit
d'impatience quãd je neſtois auec elle; elle me ve-
noit cercher aux champs, à l'Egliſe, & vouloit que
je fuſſe rouſiours ches ſon pere: Auſſi l'ay je cognue
comme jay voulu.

l'aduoüe comme trois jours apres je luy donna
vn D able nommé Emodos, pour l'aſſiſter, la ſer-
uir & conſeruer:& de plus fort l'eſchauffer en mon
amour, moy la voyant toute tranſportée d'aiſe &
de contentement,& flechir les genoux a mes vo-
loutez. Ie la raiſonna ainſi, Magdeleine le comble
de mes deſirs, & celle pour laquelle j'ay ſi ſou-
uent inuoqué les puiſſances infernales, je te veux
marier au Diable Belſebuth,Prince des Demons:
elle s'y accorda fort librement.Ie le fis lors venir en
forme d'vn Gentil'homme ; ſe faiſt je dis à Magdeleine qu'il failloit qu'elle fit vne promeſſe au
Diable Belſebuth, laquelle je luy ay dictée comme s'enſuit.

Ie protefte icy en la prefence de Dieu & de toute la Cour Celefte, & à vous meftre Loys Goufredy & du Diable Belfebuth (je prefent) que je re-
nonce entierement de tout mon cœur, & de toute
ma force, & de toute ma puiffance, à Dieu le Pere,
au Fils, & au S. Efprit, à la tref-Saincte Mere de
Dieu, à tous les Anges , & fpeciallement à mon
bon Ange, à la Paffion de noftre Seigneur Iefus-
Chrift, à fon fang, à tous les merites d'icelle, à ma
part de Paradis, à toutes les infpirations que Dieu
me pourroit donner a l'aduenir, à toutes les prieres
qu'on a faictes, & pourront faire pour moy; je protefte encores comme je me donne entierement,
corps, ame, force, & puiffance, & tout ce qui eft
a moy au Diable & à vous, m'oftant tout a faict
d'entre les mains de Dieu, pour me remettre entierement entre les mains du Diable. En foy dequoy
me fuis figné de mon fang.

Magdeleine dit, que maiftre Loys Goufredy en
la prefence du Diable Belzebuc la picqua auec fon
petit poinçon fort deflié , faict en façon d'aigueille
dans la joincture du petit doit de la main droicte,
pour auoir du fang pour figner ladicte promeffe.

I'aduoue comme je luy ay faict faire fept ou huit
promeffes, tendant a diuerfes fins, toutes dreffan-
tes aux Diables, & a moy , voire luy en ay je rom-
pues trois ou quatre vne fois que m'en apportoit
certain nombre.

I'aduoue comme le Diable s'eftoit retenu la

jurifdiction de toutes lefdictes promeffes, tant de
Magdeleine que de moy, pour les tranfporter là où
il voudroit, & quand bon luy fembleroit.

I'aduoüe comme le Diable me dict, que fi je
bruflois lefdictes promeffes il feroit vn fi grand
tintemarre, que je tumberois en terre comme
mort.

I'aduoüe comme je gardois toutes lefdictes promeffes en ma chambre auec le fufdict liure de Magie vn jour que je venois d'Aix , s'eftoit la feconde
fois que j'eftois allé parler aux peres Michaëlis la-
coppin, & Anthonin Capuchin, quand je fus arri-
ué dans ma chambre je brufla ledict liure de Magie,
non pas pour intention que j'euffe de m'amander,
mais bien pour craincte de n'en eftre treuué faifi;
les fendres duquel liure font encores dans ma châ-
bre. Pour les promeffes je fus fort eftonné quand
je ne les trouuay point, parce que le Diable les
auoit emportées ainfi que j'ay dit aux Peres.

I'aduoüe comme la premiere fois que l'on va au
Sabath, tous Sorciers, Sorcieres, & Magiciens,
font marquez auec le petit doibt du Diable qui a
cefte charge.

I'aduoüe que lors que le Diable marque on fent
vn peu de chaleur qui penettre : & là où il touche,
la chair demeure vn peu esfoncée.

I'aduoüe comme je fuis efté marqué au Sabath
de mon confentement, & y ay faict marquer Magdeleine. Elle eft marquée à la tefte, au cœur, au ven
tre,

te, aux cuiſſes, aux jambes, aux pieds, & en pluſieurs autres parties de ſon corps: elle a encores vne
aiguille dans ſa cuiſſe, qu'elle ne ſent point, laquelle luy ay veu mettre, & lors que laiguille, entre
vous diriez qu'on perce vn parchemin.

I'aduoüe que c'eſt trouué pluſieurs maſques Sorcieres & Magiciẽs, que leurs marques ſe couurent:
mais appres d'elles meſmes croiſſent, & tournent
en leur premiere force. Car ceſte marque leur demeure touſiours, bien qu'ils ſe conuertiſſent, a cauſe de leur preciſtance qu'ils ont faicte en particulier
lors qu'ils ſe ſont donnez au Diable,

I'aduoüe que leſdictes marques ſont faictes pour
proteſtation qu'on ſera touſiours bon & fidelle ſer-
uiteur du Diable toute ſa vie.

I'aduoüe comme je me ſuis treuué au Sabat en
diuers lieux dehors, ſçauoir, à la Baume de Rolland,
à la Baume de Loubieres, & ay deux ou trois fois
deſiré d'aller à la ſaincte Baume. Y allant vne foys
expres pour faire rapporter Magdeleine par le
Diable, & la trainer par tous les bois de la ſaincte
Baume.

I'aduoüe que lors que je voulois aller au Sabath,
je me meſtois la nuict à la feneſtre toute ouuerte;
autres fois je ſortois de ma chambre, la fermant a
clef, & ayant mis mes clefs a ma pochette, Luciffer me prenoiſt, & à vn inſtant ie me treuuois tran-
ſporté au lieu où le Sabath ſe tenoit, y demeurant
quelques fois vne, deux, trois, quatre, heures pour

B

le plus fouuant fuiuant les affections.

Ie declare comme a l'entrée du Sabath toute
les Mafques, Sorciers, & Magiciens : adorant l
Diable, luy rendent hommage, chacun felon fo
degré: Sçauoir les Mafques l'adorent toutes cou
chés à terre : les Sorciers eftant à genoux & fle
chiffant le corps, & les Magiciens, comme Princes
fe mettent feulement à genoux.

Iaduouë qu'auffi-toft qu'il eft entré au Sabath il
avn Diable qui a commandement en particulie
de faire renier Dieu à chafcun, tous les fainɛts, &
fainɛtes & particulierement fainɛt François.

I'aduouë comme je me fuis treuué fouuant a
Sabath auec Magdeleine & luy ay faiɛt aualer de
caraɛteres dans vne efcuelle par les Diables, & le
autres par moy pour la faire enrager d'auantage.
e mon amour.

I'aduouë auffi comme au Sabath jay eu cognoif
fance d'elle & d'vne Princeffe de Frife.

I'aduouë comme j'ay abufé plufieurs filles, que
j'ay fouffleés outre le Sabath.

I'aduouë encore comme le Diable eft vn vray
finge de l'Eglife, faifant au Sabath tout ce qu'on
faiɛt en l'Eglife.

I'aduouë comme on baptife au Sabath & comme chafcun Sorcier faiɛt veu particulierement fe
donnant au Diable & fere baptizer tous fes enfans
au Sabath (fi faire ce peut) comme auffi l'on im-
pofe de nous à chafcun de ceux qui font au Sabath

differens de leur propres noms.

I’aduouë comme au baptefme on fe fert de l’eau, du fouffre, & du fel: le fouffre rend efclauc le Dia-ble, & le fel pour confirmer le baptefme au feruice du Diable.

I’aduoüe comme la forme & l’intention eft de baptifer au nom de Lucifer Belzebuth, & autres Diables, faifant le figne de la Croix, en le com-mençant par le trauers, & puis le pourfuiuant par les pieds, & finiffant à la tefte.

I’aduoüe côme il y auoit au Sabath douze Pre-ftres & comme vn chafcun doit dire fa Meffe en fon rang, lefdicts Preftres font affis au plus haut de-gré comme Princes du Sabath, il y en auoit vn ignorant & groffier.

I’aduoüe comme toutes les fois que je fuis efté au Sabath, j’ay ouy dire la Meffe, & l’ay enten-duë; & quand ç’a efté mon rang l’ay faicte dire par vn autre Preftre du Sabath.

I’aduoüe comme au commancement de la Mef-fe chafcun fe profterne à terre, & comme c’eft vn Diable qui fert la Meffe.

I’aduoüe comme les chandelles qu’on brufle durant la Meffe font de pouldre & de fouffre ; & pour la torche, quand on leue le Sacrement le Diable adminiftre , faict vne groffe lumiere qui peut fort.

I’Aduoüe que le Preftre qui dict la Meffe eft porté au Sabath par fon Diable, ayant la Chefuble

Violette.

I'aduouë comme la cloche qu'on sonne la Messe,le *Sanctus*,& le *Sacre*,est de corne, ayant son baston de bois pour la sonner,

I'aduouë comme par tout où se treuue des noms de Iesus, de la Vierge & des saincts on les oste & en mettent a leur place des noms de Diable : il faut auoir estudié pour dire vne Messe au Sabath.

I'aduouë comme on offre & consacre des pains sans leuain,& quand il n'y en a point, on consacre de pain , prenant ordinairement la crouste de desoubs quelque pain,

I'aduouë comme on consacre beaucoup de croustes & de mourceaux pour faire communier les assistans & quand il n'y a assés de croustes du dessoubs on prend celles de dessus.

I'aduouë comme lon proffere tout haut les parolles de Consecration, soit du corps,soit du sang, & comme pendant qu'on leue le sacrement, chascun renie Dieu tout haut , & crient Maistre ayde nous, s'adressant a Lucifer & autres Diables.

I'aduouë comme lon consacre de sang dans vn vaisseau, & bassin a ses grands, & puis apres quand la consecration est faicte, le prestre qui dit la Messe se baigne dedans, & puis apres esperge les assistans.

I'aduouë comme vn chacun en prend a belles mains,& en mettent sur leurs testes disant, *Sanguis esius super nos & super Filios nostros.*

I'aduoüe que toutes les croix qu'on faict durant la Messe, sont faictes au rebours comme dessus.

I'aduoüe que quand on dict, *Agnus dey & Dominus non sunt dignus*, chascun enrage dans le cœur & crient comme desesperés dressant leur parolles au Diable, mestre ayde nous tousiours.

I'aduoüe que chacun est obligé de communier, & quand on ne le faict on est tenu de faire manger sa part a vn Diable transformé en chien & me souuient fort bien que le Diable qui auoit ceste charge fut reprins fort aigremét, des autres pour ne s'en estre pas bien aquitté.

I'aduoüe comme il y a certains Masques qui ont charge d'apporter vn chien de ses bastides pour faire manger la communion, & les autres ne veulent manger.

I'aduoüe que lors qu'on dict, *Ite Missa est* l'on dict alles vous en tous au nom du Diable.

I'aduoüe que tous les Vsuriers, Maches, Sorciers, & Magiciens, sont tenus lors que quelque enfant meurt qui a esté baptisé au Sabath l'aller desenterer & l'apporter pous Sabath, y estre mangé par les Diables.

I'aduoüe que lors quelqu'vn meurt au Sabath tous les Diables, Masques, & Magiciens le prient a tenir bon pour le Diable, & puis estant mort l'apportent tous ensemble dans la mer ou quelque riuiere, ou le jettent du haut d'vn rocher en bas, ou bien le mettent dans vne cauerne pour les conseruer.

Iaduoüe cõmme le Diable ne me laiſſoit jamais ſi n'eſt lors que j'entroy a l'Egliſe des Capuchins il mattendoit a la porte.

I'aduoue comme il y a enuiron cinq ou ſix ans que je me ſuis baillé au Diable, corps & ame & ay renonçé à tout ce que je pouuois eſperer de la Miſericorde de Dieu.

E I N.